LETTRES

DE

MONSIEUR

DE VOLTAIRE,

A

M. PALISSOT;

AVEC LES REPONSES.

LETTRES

DE

MONSIEUR

DE VOLTAIRE,

A

M. PALISSOT,

AVEC LES RÉPONSES,

A l'occasion de la Comédie des Philosophes.

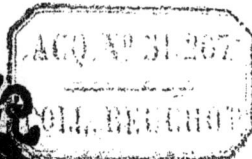

A GENEVE.

M DCC LX.

AVIS

DE L'ÉDITEUR.

ON a publié contre l'Auteur des Philosophes, un assez grand nombre de Libelles, qui ont fait trop peu d'impression sur lui, pour en faire aucune sur le Public.

On a cru se venger de son indifférence, en le frappant par un endroit plus sensible. On connaît son attachement, son admiration, son respect pour M. de Voltaire. On imagina de faire courir de prétendues Lettres de ce grand homme, dans lesquelles la Comédie des Philosophes, & l'Auteur de cette Piece étaient également maltraités.

On sçut enfin que M. de Voltaire avait réellement écrit à Monsieur Palissot. On eût désiré que ces Lettres fussent des injures. A force de le désirer, on alla jusqu'à le publier. Le silence de l'Auteur des Philosophes passait déja pour une

preuve de fa confufion aux
yeux de bien des gens.

C'eft à la fois pour venger
M. de Voltaire & lui, que
nous imprimons ces Lettres,
qui font honneur à tous deux.
M. de Voltaire n'abandonne
pas ceux qu'il croit fes amis,
mais il les défend avec la modération d'un homme fupe-
rieur à toutes ces difputes, &
fait pour inftruire tous les
partis.

M. Paliffot défend fon Ouvrage avec tous les égards,
tout le refpect que l'on doit
à M. de Voltaire. Il femble

que c'eſt ainſi que les diſ-
putes litteraires pourraient
tourner à l'avantage des Lettres, au lieu de les dégrader
& de les avilir.

LETTRES

DE

M. DE VOLTAIRE,

A

M. PALISSOT,

AVEC LES REPONSES.

EXTRAIT

De la premiere Lettre de M. Palissot à M. de Voltaire, à l'occasion de la Comédie des Philosophes.

Paris 28. May 1760.

JAi l'honneur de vous envoyer, Monsieur, une Piéce qui par sa nature était très susceptible de faire du

N. B. On ne donne ici cette Lettre que par Extrait, parce que M. Palissot n'en a pas gardé de copie.

A vj

bruit. Autant je fuis pénétré d'admiration pour les vrais Philofophes qui, comme vous, Monfieur, ont rendu la vertu refpectable dans leurs écrits, autant je fuis éloigné de ce fentiment pour ces Ecrivains téméraires qui ont ofé mettre au jour une Philofophie deftructrice des mœurs, & des loix.

Quand j'ai parlé dans ma Piéce du mot d'humanité, devenu fi familier dans nos productions philofophiques, je n'ai voulu frapper que fur l'abus que l'on en fait, en employant ce mot dans des ouvrages dont les maximes, loin d'être humaines, font infiniment pernicieufes à la fociété.

Je m'attendris avec le Philofophe fenfible, qui a dit :

Exterminez, grands Dieux, de la terre où nous fommes,
Quiconque avec plaifir répand le fang des hommes.

Mais je fuis tenté de rire de l'em-

barras d'un Sophiste qui s'épuise en
tours de force pour me donner un sen-
timent qu'il n'a pas ; qui me glace à
mesure qu'il croit m'échauffer , & dont
le stérile enthousiasme étourdit mes
oreilles , sans rien dire à mon cœur.

J'ai donc écrit , Monsieur , contre
les faux Philosophes , & je donne ce
nom à celui qui à la tête d'une Tra-
duction *du Pere de famille de Goldoni*,
a osé imprimer deux libelles scanda-
leux contre deux Dames infiniment
respectables avec des épigraphes du
style de l'*Arétin*.

Je sçais , Monsieur , que quelques-
uns de ces Philosophes vous ont nommé leur Chef , à peu-près comme des
Corsaires arborent le pavillon d'une
Nation respectée , pour exercer leurs
brigandages. C'est un piége qu'ils ont
osé vous tendre ; mais il ne faut que

lire leurs ouvrages & les vôtres , pour démêler l'artifice que vous voulez bien ne pas appercevoir. Peut-être en riez-vous intérieurement, Monſieur, comme ce Cardinal qui vit ſon ſinge ſe revêtir de ſes habits Pontificaux : on le reconnut bien vîte aux grimaces.

Adieu , Monſieur , ſouvenez-vous quelquefois de mon attachement , de mon admiration & de mon reſpect : ces ſentimens ſubſiſteront dans mon cœur, quand bien même mes enne-mis parviendraient à me faire perdre vos bontés.

Je ſuis, &c.

REPONSE
DE M. DE VOLTAIRE.

Aux Délices, 4 Juin, 1760.

JE vous remercie, Monsieur, de votre Lettre & de votre ouvrage : ayez la bonté de vous préparer à une réponse longue ; les vieillards aiment un peu à babiller.

Je commence par vous dire que je tiens votre Piéce pour bien écrite ; je conçois même que Crispin Philosophe marchant à quatre pattes, a dû faire beaucoup rire, & je crois que mon ami Jean Jacques en rira tout le premier ; cela est gai, cela n'est point méchant, & d'ailleurs le Citoyen de Généve étant coupable de léze-Comédie, il est tout naturel que la Comédie le lui rende.

Il n'en est pas de même des Citoyens de Paris que vous avez mis sur le Théatre, il n'y a pas là certainement de quoi rire. Je conçois très-bien qu'on donne des ridicules à ceux qui veulent nous en donner, je veux qu'on se défende; & je sens par moi-même que si je n'étais pas si vieux, Messieurs Fréron & de P... auraient à faire à moi; le premier, pour m'avoir vilipendé cinq ou six ans de suite, à ce que m'ont assuré des gens qui lisent les brochures; l'autre pour m'avoir désigné en pleine Académie comme un radoteur, qui a farci l'Histoire de fausses anecdotes. J'ai été très-tenté de le mortifier par une bonne justification, & de faire voir que l'Anecdote au masque de fer, celle du Testament du Roi d'Espagne Charles II. & autres semblables, sont très-vraies, & que, quand je me mêle d'être sérieux, je laisse-là les fictions poëtiques.

J'ai encore la vanité de croire avoir
été défigné dans la foule de ces pauvres Philofophes qui ne ceffent de con-
jurer contre l'Etat , & qui certainement font caufe de tous les malheurs
qui nous arrivent. Car enfin , j'ai été
le premier qui ai écrit en forme, en faveur de l'attraction,& contre les grands
tourbillons de Defcartes, & contre les
petits tourbillons de Mallebranche; &
je défie les plus ignorans. . . . .
de prouver que j'aie falfifié en rien
la Philofophie Newtonienne,la Société
de Londres a approuvé mon petit Ca-
téchifme d'attraction. Je me tiens donc
pour très-coupable de Philofophie.

Si j'avais de la vanité , je me croi-
rais encore plus criminel fur le rapport
d'un gros livre , intitulé , *l'Oracle des*
Philofophes, lequel eft parvenu jufques
dans ma retraite. Cet Oracle , ne vous
déplaife , c'eft moi. Il y aurait là de
quoi créver de vaine gloire ; mais mal

heureusement ma vanité a été bien rabbattue, quand j'ai vû que l'Auteur de l'Oracle prétend avoir dîné plusieurs fois chez moi près de Lausanne dans un Château que je n'ai jamais eu : il dit que je l'ai très-bien reçu, & pour récompense de cette bonne réception, il apprend au public tous les aveux secrets qu'il prétend que je lui ai faits.

Je lui ai avoüé, par exemple, que j'avais été chez le Roi de Prusse, pour y établir la Religion Chinoise : ainsi me voilà pour le moins de la Secte de Confucius. Je serais donc très en droit de prendre ma part aux injures qu'on dit aux Philosophes.

J'ai avoué de plus à l'Auteur de l'O-racle que le Roi de Prusse m'a chassé de chez lui, chose très-possible, mais très-fausse, & sur laquelle cet honnête homme en a menti.

Je lui ai encore avoué que je ne suis point attaché à la France, dans le tems

que le Roi me comble de ſes graces,
me conſerve la place de Gentil-homme Ordinaire, & daigne favoriſer mes
Terres des plus grands priviléges. Enfin j'ai fait tous ces aveux à ce digne
homme, pour être compté parmi les
Philoſophes.

J'ai trempé de plus, dans la Cabale
infernale de l'Encyclopédie; il y a au
moins une douzaine d'articles de moi,
imprimés dans les trois derniers volumes. J'en avais préparé pour les ſui-
vans une douzaine d'autres, qui auraient corrompu la Nation, & qui auraient bouleverſé tous les Ordres de
l'Etat.

Je ſuis encore un des premiers qui ai
employé fréquemment ce vilain mot
d'*humanité*, contre lequel vous avez
fait une ſi brave ſortie dans votre Comédie. Si, après cela, on ne veut pas
m'accorder le nom de Philoſophe, c'eſt
l'injuſtice du monde la plus criante.

Voilà, Monsieur, pour ce qui me
regarde.

Quant aux personnes que vous attaquez dans votre Ouvrage, si elles
vous ont offensé, vous faites très-bien
de le leur rendre ; il a toujours été
permis, par les loix de la société, de
tourner en ridicule les gens qui nous
ont rendu ce petit service. Autrefois,
quand j'étais du monde, je n'ai gué-
res vû de souper dans lequel un rieur
n'exerçât sa raillerie sur quelque con-
vive, qui, à son tour, faisait tous ses
efforts pour égaier la compagnie aux
dépens du rieur. Les Avocats en usent
souvent ainsi au Barreau. Tous les Ecrivains de ma connaissance se sont donné mutuellement tous les ridicules
possibles. Boileau en donna à Fontenelle, Fontenelle à Boileau. L'autre
Rousseau, qui n'est pas Jean-Jacques,
se moqua beaucoup de Zaïre & d'Alzire ; & moi qui vous parle, je crois

que je me moquai auſſi de ſes dernieres Epitres , en avoüant pourtant
que l'Ode ſur les Conquérans eſt admirable , & que la plûpart de ſes Epi-
grammes ſont très-jolies ; car il faut
être juſte , c'eſt le point principal.

C'eſt à vous à faire votre examen
de conſcience , & à voir ſi vous êtes
juſte en repréſentant Meſſieurs Dalembert , Duclos , Diderot , Helvétius , le Chevalier de Jaucourt , &
tuti quanti , comme des marauts qui
enſeignent à voler dans la poche.

Encore une fois , s'ils ont voulu rire
à vos dépens dans leurs Livres , je
trouve très-bon que vous riez aux
leurs ; mais, pardieu, la raillerie eſt trop
forte. S'ils étaient tels que vous les re-
préſentez , il faudrait les envoyer aux
Galéres , ce qui n'entre point du tout
dans le genre comique. Je vous parle
net , ceux que vous voulez déshono-
rer paſſent pour les plus honnêtes gens

du monde; & je ne fçais même fi leur probité n'eft pas encore fupérieure à leur Philofophie. Je vous dirai franchement, que je ne fçais rien de plus refpectable que Monfieur Helvétius, qui a facrifié deux cent mille livres de rente, pour cultiver les lettres en paix.

S'il a dans un gros Livre avancé une demi-douzaine de propofitions téméraires & malfonantes, il s'en eft affez repenti, fans que vous duffiez déchirer fes bleffures fur le Théatre.

Monfieur Duclos, Sécrétaire de la premiere Academie du Royaume, me parait mériter beaucoup plus d'égards que vous n'en avez pour lui; fon Livre fur les mœurs n'eft point du tout un mauvais Livre, c'eft furtout le Livre d'un honnête homme. En un mot, ces Meffieurs vous ont-ils publiquement offenfé? Il me femble que non. Pourquoi donc les offenfez-vous fi cruellement?

Je ne connais point du tout M. Diderot, je ne l'ai jamais vû, je fçai feulement qu'il a été malheureux & perfécuté; cette feule raifon devait vous faire tomber la plume des mains.

Je regarde d'ailleurs l'entreprife de l'Encyclopédie comme le plus beau monument qu'on pût élever à l'honneur des Sciences; il y a des articles admirables, non-feulement de M. Dalembert, de M. Diderot, de M. le Chevalier de Jaucourt, mais de plufieurs autres perfonnes, qui fans aucun motif de gloire ou d'intérêt, fe font fait un plaifir de travailler à cet Ouvrage.

Il y a des articles pitoyables fans doute, & les miens pourraient bien être du nombre; mais le bon l'emporte fi prodigieufement fur le mauvais, que toute l'Europe défire la continuation de l'Encyclopédie. On a traduit déjà les premiers volumes en plufieurs langues ; pourquoi donc jouer fur le Théatre un Ouvrage devenu néceſ-ſaire à l'inſtruction des hommes , & à la gloire de la Nation ?

J'avoue que je ne reviens point d'é-tonnement de ce que vous me man-dez fur M. Diderot. Il a , dites-vous , imprimé deux libelles contre deux Da-mes du plus haut rang , ... fi cela eſt , je n'ai plus rien à dire , je tombe des nues, je renonce à la Philo-phie , aux Phiſoloſophes , à tous les Livres , & je ne veux plus penſer qu'à ma charruë & à mon ſemoir.

Mais permettez-moi de vous deman-der très-inſtamment des preuves, ſouf-frez que j'écrive aux amis de ces Da-mes ; je veux abſolument ſçavoir ſi je dois mettre , ou non , le feu à ma bibliotheque.

Mais ſi Diderot a été aſſez aban-donné de Dieu pour outrager deux Dames respectables, & qui plus est, très-belles, vous ont-elles chargé de les venger? Les autres personnes que vous produisez sur le Théatre avaient-elles eu la grossiereté de manquer de respect à ces deux Dames?

Sans jamais avoir vû M. Diderot, sans trouver le Pere de famille plaisant, j'ai toujours respecté ses profondes connaissances; & à la tête de ce Pere de famille, il y a une Epitre à Madame la Princesse de Nassau, qui m'a parue le Chef-d'œuvre de l'éloquence, & le triomphe de *l'humanité*, passez-moi le mot. Vingt personnes m'ont assuré qu'il a une très-belle ame. Je serais affligé d'être trompé, mais je souhaite d'être éclairé.

> La faiblesse humaine est d'apprendre
> Ce qu'on ne voudrait pas sçavoir.

Je vous ai parlé, Monsieur, avec

franchife. Si vous trouvez dans le fond du cœur que j'aye raifon , voyez ce que vous avez à faire. Si j'ai tort , dites-le moi , faites-le moi fentir , redreffez-moi. Je vous jure que je n'ai aucune liaifon avec aucun Encyclopédifte , excepté peut-être avec M. Dalembert , qui m'écrit une fois en trois mois des lettres de Lacédémonien ; je fais de lui un cas infini ; je me flatte que celui-là n'a pas manqué de refpe_ct à Mefdames de . . . . Je vous demande encore une fois la permiffion de m'adreffer fur toute cette affaire à M. . . . .

J'ai l'honneur d'être , Monfieur , avec une eftime très-véritable de vos talens , & un extrême défir de la paix que Meffieurs Fréron & de P . . . & quelques autres m'ont voulu ôter ,

Votre très-humble & très-obéiffant ferviteur ,
VOLTAIRE , Gentil-homme Ordinaire du Roi.

RÉPONSE.

RÉPONSE

DE M. PALISSOT,

à Monfieur de VOLTAIRE.

VOus êtes, Monfieur, le premier qui ayez fait connaître en France les fublimes découvertes de Newton ; mais ce ne font, ni des Philofophes tels que Newton, ni ceux qui après lui ont éclairé le monde, que j'ai défignés dans ma Comédie ; le projet en eût été abfurde. Je ne fuis ni un infenfé ni un barbare. On peut affurément fans bleffer les mœurs deviner le fyftême de l'univers. C'eft même un des plus puiffans moyens de s'élever jufqu'à fon Auteur ; & jamais la vérité de l'exiftence de Dieu n'a été plus folidement établie que depuis les progrès de la Phyfique. Je n'ai voulu parler, Monfieur, que de ces Charlatans de

B

Philofophie, qui ont ofé ébranler les fondemens de la morale, en la réduifant en fyftême : qui ont nié jufqu'au fentiment de cette loi naturelle, dont vous êtes le vengeur dans un de vos ouvrages, & qui ont renouvellé dans des écrits dangereux les principes des Hobbes, des Mandevilles, &c.

Il eft donc clair, Monfieur, que pour avoir travaillé fur Newton, vous n'êtes point du nombre des Philofophes que j'avais en vûe. Quoique je n'aye pas mis de correctif au titre de ma Piece, je n'ai pas même donné lieu à l'équivoque. Je n'ai attaqué que la fauffe Philofophie. Ainfi, Monfieur, point d'abus fur le mot. Moliére n'intitula point fa Comédie : *les Fauffes Savantes*. Son ouvrage prouvait affez qu'il n'avait pas eû l'intention de jetter du ridicule fur les fciences.

Dans un mauvais libelle on vous a mis à la tête du parti des nouveaux

Philofophes ; & l'Auteur , mal-adroit dans fa fiction , vous calomnie & vous prête des abfurdités qui fe contredifent. Cela eft vrai, Monfieur, & c'eft le jugement que j'ai porté de cette brochure. Malheur à cet Ecrivain, s'il n'a pas été frappé de tout l'intervalle qui vous fépare de cette populace de Philofophes , qui n'ont écrit qu'à la honte de la raifon. Tant pis pour lui , s'il n'a pas fçu diftinguer des ouvrages qui font aimer la vertu de ces Ecrits fecs , arides, ténébreux, où l'on ne ceffe de la défigurer fous prétexte de la définir. Mais , Monfieur, parce que cet Auteur a fait une fottife en affectant de vous confondre avec des Philofophes de cette efpéce, ai-je perdu le droit , moi qui vous refpecte & qui vous aime , de jetter du ridicule fur la fauffe Phi'ofophie ?

Vous avez fait quelques articles de l'Encyclopédie ; je le fçais, Monfieur,

& ce font ceux que j'ai cherchés avec le plus d'empreſſement dans ce Dictionnaire. Ils ne contiennent ordinairement que des définitions courtes & préciſes, ſuivies de quelques exemples. C'eſt ainſi que tous les articles de ce livre auraient dû être compoſés. On n'y verrait alors, ni froid enthouſiaſme, ni déclamation, ni puérile orgueil. On s'inſtruirait, & voilà tout. Je vous le demande, Monſieur, quand j'aurais prétendu attaquer l'Encyclopédie, des articles de littera-ture, tels que tous ceux que vous avez fournis, peuvent-ils, même en apparence, être entrés dans mon plan? Vous ſçavez bien que non. Permettez-moi donc de croire que vous n'avez voulu faire qu'une plaiſanterie en mettant ces articles au rang de ceux qui pourraient avoir *corrompu la Nation & bouleverſé les Ordres de l'Etat.*

Il eſt vrai que vous êtes un des premiers qui ayent employé fréquemment le mot *d'humanité*, contre lequel, dites-vous, *j'ai fait une ſi*
brave ſortie dans ma Piéce. Mais ap-
paremment ce n'eſt pas au mot, c'eſt
au ſentiment qu'il exprime que vous
êtes attaché. Or dans la ſortie que
j'ai faite, je ne parle que de ceux
qui abuſent du mot *pour n'aimer per-*
ſonne. Il eſt donc évident que je reſ-
pecte *l'humanité* autant que vous,
Monſieur. Hè! comment ne reſpec-
terais-je pas un ſentiment que vous
auriez mis dans mon cœur, ſi j'étais
aſſez malheureux pour que la nature
ne l'y eût pas gravé? J'avais pré-
venu le reproche que vous me faites,
dans la premiere Lettre que j'ai eu
l'honneur de vous écrire. J'avais éta-
bli la différence infinie qu'il y a entre
parler d'humanité en termes arides,
qui ſuppoſent un cœur médiocrement

affecté , & l'imprimer dans l'ame
avec ces traits de feu, qui prouvent
combien on est pénétré soi-même.
Pour vous persuader , Monsieur, que
cette façon de penser n'est point de
ma part une apologie suggérée par
les circonstances, permettez-moi de
vous transcrire ce que j'écrivais , il y
a quatre ans, *dans mes petites Lettres*;
vous jugerez que je n'ai pas varié
dans mes idées. » Voyez Mérope qui
» croit retrouver quelques traits de
» son fils dans un Etranger qu'on lui
» améne. Qui n'imaginerait s'expri-
» mer comme elle ? C'est la natu-
» re dans sa plus grande naïveté ; mais
» qu'elle est sublime !

C'est un infortuné que le Ciel me présente :
Tendons à sa jeunesse une main bienfaisante ;
Il suffit qu'il soit homme & qu'il soit malheureux ,
Mon Fils peut éprouver un sort plus rigoureux.

Il me rappelle Egiste ; Egiste est de son âge,
Peut-être comme lui ,de rivage en rivage,
Inconnu, fugitif, & par-tout rebuté ,
Il souffre le mépris qui suit la pauvreté , &c.

» Si Mérope, à la place de ces ex-
» preſſions ſi vraies & ſi touchantes,
» analyſait ſa compaſſion pour cet in-
» fortuné ; ſi elle diſait : *qu'une ame*
» *tendre n'enviſage point le ſyſtême*
» *général des Etres ſenſibles, ſans en*
» *déſirer fortement le bonheur :* n'en-
» tendriez-vous pas le bruit des ſifflets
» s'élever de tous côtés , & pour-
» ſuivre l'Héroïne Métaphyſicienne
» juſques dans les Couliſſes ? »

Eſt-ce donc à l'Auteur de Mérope,
de Zaïre & d'Alzire, eſt-ce à celui
qui a raſſemblé dans le caractére d'I-
damé tout ce que les mœurs ont de
plus reſpectable, à ſe confondre avec
nos prétendus Philoſophes ? Hè ,
Monſieur , ſi leurs ſyſtêmes prenaient
du crédit , ſi la nature n'avait mis
dans le cœur humain les plus fortes
barriéres contre leur vaine Philoſophie, vos chefs-d'œuvres que nous
admirons , manqueraient bientôt de

fpectateurs dignes de les entendre.
On a dit de Pafcal qu'il fut affez bon
pour croire que Nicole & Arnauld
valaient mieux que lui. Ne vous abaif-
fez point par des comparaifons. Que
les Grecs & les Troyens fe divifent,
Jupiter ne doit prendre aucun parti.

Voilà, Monfieur, pour ce qui vous
regarde.

Quant aux perfonnes qui pourraient fe plaindre de mon Ouvrage, je vous affûre que je n'ai
contr'elles aucun reffentiment. Je ne
fais pourquoi vous me citez M. M. Dalembert & le Chevalier de Jaucourt.
On ne m'a pas fait l'injuftice de
croire à Paris que j'euffe voulu les
défigner. Je n'ai pas l'honneur de
connaître M. de Jaucourt il n'a jamais été compris, même par les en-
nemis de l'Encyclopédie, dans le
nombre de ceux qui ont fourni des
articles dangereux. Pour M. Dalembert, j'avoue qu'il m'a donné très-

gratuitement des marques de haine dans une querelle injuste que l'on me fit à Nancy ; mais je n'en respecte pas moins ses talens & ses profondes connoissances. C'est se deshonorer soi-même que de porter dans ses jugemens un esprit de vengeance. J'ai tâché de ne jamais perdre ce principe de vûe. C'est par-là que je me suis bien gardé de me compromettre en attaquant M. Dalembert ; & rien ne prouve mieux, ce me semble, que j'ai écrit ma piéce avec impartialité.

Je n'ai donc pas représenté ces Messieurs *tuti quanti, comme des marauds qui enseignent à voler dans la poche.* J'ai mis sur la scéne un valet, qui, abusant des spéculations philosophiques de son maître, finit par le voler. Ce trait au Théatre a toujours excité le rire, jamais l'indignation. Il est évident, Monsieur, que de certains principes pourraient conduire

jufques-là. Le fyftême, qui fait de l'a-
mitié même un commerce d'intérêt
perfonnel, qui détruit dans l'homme
le fentiment de fa liberté, dans lequel on convient *qu'il eft des gens
qu'un penchant malheureux, mais ir-
réfiftible, néceffite à fe faire rouer:*
un tel fyftême, dis-je, eft infiniment
dangereux. Il ferait abfurde d'en con-
clure que l'Auteur du fyftême fû un
voleur de grand chemin, & c'eft à-
peu-près la conclufion que vous me
prêtez. Mais il eft très-permis, très-
innocent, très-louable, de jetter un
peu de ridicule fur de pareils principes; je ne me fuis permis que d'en
rapprocher les conféquences, & de les
mettre en action.

Lorfque je lifais des livres de con-
troverfes, je me fouviens d'avoir lû
une brochure intitulée : *Cartouche
juftifié par les principes de Janfénius.*

Affûrement l'Auteur lui-même (quoi-

que Jésuite) ne voulait pas dire que
Jansénius fût un homme à pendre. Il
voulait prouver seulement que tout
système qui conduit au fatalisme peut
servir d'apologie aux plus grands
crimes, & que dès-lors l'intérêt général veut qu'un tel système soit
proscrit.

Lorsque Pascal pressait les Jésuites
par l'argument de Jean d'Alba, certainement (quoique Janséniste) son
intention n'était pas de représenter
les Jésuites comme une société de
filoux qu'il fallait envoyer aux galéres ; il prétendait seulement que
quelques traits de la morale de leurs
Casuistes auraient pû fournir une assez
bonne excuse à ce Jean d'Alba.

J'ai lû dans Candide qu'un gueux
du Pays d'Atrébatie avait commis le
plus horrible attentât pour avoir
entendu beaucoup de sottises. L'Auteur de Candide n'a pas voulu don-

B vj

ner à penfer que tous ceux qui avaient eu le malheur de dire des fottifes fuffent des gens capables d'un parricide. Il n'a voulu que prouver qu'il y avait des fottifes très - dangereufes. Mais heureufement les hommes font inconféquens ; & tout ferait perdu s'ils ne l'étaient pas.

Enfin, Monfieur, je n'ai tracé mes caractéres d'après aucun Philofophe en particulier ; mais d'après les principes de quelques Philofophes. Je ne m'en crois pas moins en droit d'eftimer ce qu'ils ont d'eftimable, & de regarder, par exemple, M. Helvétius comme un très-honnête homme.

Pour M. Du. . . permettez-moi de ne pas me défendre. Je peux avouer tout ce que vous m'en dites, fans être embarraffé de mon aveu. J'ai trouvé un peu de ridicule, un peu de fafte, dans le début de fon livre fur les Mœurs. Je le crois cependant, comme

vous, l'ouvrage d'un homme de probité ; ce n'eſt pas là ce que la critique
examine. Je conviens qu'il eſt Sécrétaire d'une très-reſpectable Academie ;
mais cette Academie elle-même con-
damnerait-elle le chef - d'œuvre des
Femmes ſavantes ?

Moliére s'y donna plus de liberté
que moi. Il joua deux Academiciens
(Cotin & Ménage) de maniere à
n'être méconnus de perſonne ; tous
deux n'avaient fait que des ouvrages
d'honnêtes gens. Ménage, ſur-tout,
n'était pas un homme ſans mérite. Il
avait été honoré pluſieurs fois des
Lettres de la Reine Chriſtine. Cotin
était Prêtre, autre raiſon, de ména-
gement pour Moliére, qui, cependant ſe permit à l'égard de ces deux
hommes, ce que je ne me permettrais
pas. Il frappa juſques ſur les mœurs.

Triſſottin eſt congédié pour un
ſentiment d'intérêt perſonnel très-

bas. Vadius dans le cours de la piéce écrit une Lettre anonyme, ce qui n'eſt pas le procédé d'une ame fort délicate. *Ces deux Meſſieurs n'a-vaient point compoſé de livres de morale dont on pût dire que de pareil-les actions fuſſent la conséquence.*

Si M. Du. . . veut des exemples plus modernes & des perſonnalités plus conſolantes, la Motte, Acade-micien, qui en valait bien un autre, a été joué dans Momus Fabuliſte.

De tous les tems, la Comédie qui ne ferait bonne à rien, ſi elle ne reſſem-blait à perſonne, a joui de ces petites libertés. Nous avons des Théatres entiers qui ne ſont que des Vaude-villes. Celui de Moliére ſeul me don-nerait bien beau jeu ; mais ce n'eſt pas à un homme comme vous qu'il eſt beſoin de tout dire. C'était pour-tant l'âge d'or de la Comédie ; mais auſſi Moliére fut traité de ſcélerat

dans vingt libelles , & je vois que
c'est assez le sort des honnêtes gens.

J'ai nommé une fois le livre de l'Encyclopédie dans mon Ouvrage , il n'y
a pas là de trait de satyre. Trissotin
cite Descartes dans la Comédie de
Moliére ; ce n'était pas une injure
contre Descartes. J'ai crû qu'il était
naturel qu'une femme savante eût
chez elle un livre qu'elle admire , &
qu'elle n'entend pas.

Je pourrais , Monsieur, m'en tenir
là sur l'Encyclopédie. Le projet en est
sans doute admirable ; mais permettez-moi de le distinguer du monument
qui existe. J'ai trouvé comme vous ,
des articles qui me paraissent excel-
lens ; il en est beaucoup que je ne suis
pas à portée d'entendre. Mais il me
semble que le projet est bien loin d'être
rempli ; que la méthode adoptée par
les Rédacteurs est directement con-
traire au but que l'on s'était proposé.

Enfin , fi les notions des Arts étaient
éteintes , je crois que ce ferait un
grand effet du hazard, fi l'on en retrou-
vait un feul dans ce Dictionnaire. Je
prouverais tout cela , Monfieur ; mais
je ferais un Livre , & je n'ai que trop
abufé de vos bontés par une lettre fi
longue. Je ne me flatterais pas d'ailleurs de rien apprendre à M. de Voltaire.

J'ai du regret de penfer autrement
que vous à l'égard de M. Did. . Il a ,
fans contredit , beaucoup d'efprit ,
avec une imagination fort exaltée. Je
ne me pique pas de l'entendre toujours , & ce peut être de ma part dé-
faut de pénétration ; mais vous avez
écrit , Monfieur , fur des matiéres très-
abftraites , & tout le monde vous entend ; pardonnez-moi fi vous m'avez
rendu trop difficile. Vous n'affectez
point de tours fententieux propheti-
ques , apocalyptiques ; c'eft que la vé-

rirable grandeur ne se soutient pas sur
des échasses. Je voudrais que M. Did. .
s'échauffât moins sur des idées très-
communes ; qu'il fût plus sobre d'an-
noncer ses imaginations comme des
découvertes. Je voudrais qu'il fût bien
persuadé que, pour être sçavant, on
n'est pas dispensé d'étudier sa langue
& de l'écrire correctement. Il a quelquefois des momens très-lumineux :
c'est un cahos où la lumière brille par
intervalles. Je crois voir le combat du
bon & du mauvais principe. Tout cela
serait peu de chose, & je ne l'en tien-
drais pas moins pour Philosophe, si je
pouvais le justifier sur les libelles.

M. . . . . . ne vous désavouera pas,
Monsieur, que Madame de . . s'en est
expliquée avec lui plusieurs fois sans
aucun nuage. Madame de . . . . en a
eu l'aveu signé de la main de Did.. Madame de . . . . vous confirmera ce que
j'ai l'honneur de vous dire, elle a en-

tendu le témoignage de Madame...
aussi bien que M...... & moi. Si vous
êtes curieux, autant que vous le parais-
sez, d'approfondir ce fait, ne vous en
rapportez pas à moi, Monsieur.

Consultez les Dames que je vous
nomme, & vous sçaurez la vérité. Le
Public doute si peu de la chose, qu'il
m'a abandonné M. D.d... dès la premiere représentation des *Philosophes.*
Je n'ai pas entendu de voix qui se fût
élevée pour lui.

Vos sentimens en faveur de ces Messieurs, n'en sont ni moins beaux, ni
moins généreux. Je voudrais, pour leur
honneur, ne connaître parmi eux aucun ingrat ; mais aussi vous auriez
moins de mérite à les défendre.

Si quelque chose pouvait me rame-
ner à leur parti, ce serait assûrément
votre lettre.

A travers les instructions que vous
voulez bien me donner, il y regne un

ton de modération & de bonté qui me
prouve que vous n'avez pas oublié le
fentiment qui me conduifit à Genêve,
il y a quelques années. Je vous en remercie, Monfieur, & il ferait à fou-
haiter pour nos *Philofophes* qu'ils s'é-
tudiaffent encore longtems à vous con-
trefaire. Malheureufement pour le parti, jufqu'à préfent on n'a publié contre moi que des injures, des calom-
nies, des libelles, & des gravûres dif-
famatoires : rien ne paraît moins phi-
lofophique. On m'a comparé à Arif-
tophane, c'eft avoir eû bien de l'in-
dulgence pour moi ; mais on mourait
d'envie de fe comparer à Socrate : ni
ce Philofophe, ni fes Difciples, ne fe
vengerent par des libelles. Voilà le
caractére qu'il eût fallu foutenir. Eu-
ripide continua de donner fes Chefs-
d'œuvre fur le Théâtre où l'on avait
joué fon ami ; mais en vérité ces Phi-

Iofophes Grecs étaient des hommes
inimitables.

Je fuis avec le plus profond refpect
& l'attachement le plus tendre ;

Monfieur ,

Vôtre &c.

Paris 17 Juin 1766.

REPONSE

DE M. DE VOLTAIRE.

VOus me faites enrager, Monſieur, j'avais reſolu de rire de tout dans mes douces retraites , & vous me con-triſtez. Vous m'accablez de politeſſes , d'éloges , & d'amitiés : mais vous me faites rougir , quand vous imprimez que je ſuis ſupérieur à ceux que vous attaquez. Je crois bien que je fais mieux des vers qu'eux , & même que j'en ſçais autant qu'eux en fait d'Hiſ-toire : mais, ſur mon Dieu , ſur mon ame , je ſuis à peine leur écolier dans tout le reſte , tout vieux que je ſuis. Venons à des choſes plus ſérieuſes.

M . . . . m'a aſſuré dans ſes dernieres Lettres que M. Diderot n'eſt point reconnu coupable des faits dont vous l'accuſez. Une perſonne, non moins digne de foi, m'a envoyé un très-long détail de cette aventure; & il ſe trouve qu'en effet M. Diderot n'a eu nulle part aux deux Lettres condamnables qu'on lui imputait. Encore une fois, je ne le connais point, je ne l'ai jamais vû : mais il avait entrepris avec M. Dalembert un Ouvrage immortel, un Ouvrage néceſſaire, & que je conſulte tous les jours. Cet Ouvrage était d'ailleurs un objet de trois cent mille écus dans la Librairie, on le traduiſait déjà dans trois ou quatre Langues : *queſta rabbia detta geloſia* s'arme contre ce monument cher à la Nation, & auquel plus de cinquante perſonnes de diſtinction s'empreſſaient de mettre la main.

Un Abraham Chaumeix s'aviſe de donner. . . . . . un mémoire contre l'Encyclopédie, dans lequel il fait dire aux Auteurs qu'ils n'ont point dit, empoifonne ce qu'ils ont dit , & argumente contre ce qu'ils diront. Il cite aussi fauffement les Peres de l'Eglife que le Dictionnaire.

C'eſt dans ces circonſtances odieuſes que vous faites votre Comédie contre les Philoſophes : vous venez les percer, quand ils font *fub gladio*.

Vous me dites que Moliére a joué Cotin & Ménage , ſoit : mais il n'a point dit que Cotin & Ménage enſeignaient une morale perverſe : & vous imputez à tous ces Meſſieurs des maximes affreuſes dans votre Piéce & dans votre Préface.

Vous m'aſſurez que vous n'avez point accuſé M. le Chevalier de Jaucourt. Cependant c'eſt lui qui eſt l'Auteur de l'article *Gouvernement* : ſon nom eſt en groſſes lettres à la fin de cet article. Vous en déférez pluſieurs

traits qui pourraient lui faire grand
tort, dépoüillés de tout ce qui les pré-
céde & qui les suit ; mais qui remis
dans leur tout enfemble, font dignes
des Ciceron , des de Thou , & des
Grotius.

Vous n'ignorez pas d'ailleurs que
M. le Chevalier de Jaucourt eft un
homme d'une très-grande Maifon,
& beaucoup plus refpectable par fes
mœurs que par fa naiffance.

Vous voulez rendre odieux un paffage de l'excellente Préface que M. Dalembert a mife au-devant de l'Encyclopédie, & il n'y a pas un mot de ce
paffage. Vous imputez à M. Diderot
ce qui fe trouve dans les Lettres Juives ; il faut que quelque Abraham
Chaumeix vous ait fourni des mémoires & qu'il vous ait trompé. . . . .
Vous faites plus; vous joignez à vos ac-
cufations contre les plus honnêtes gens
du monde, des horreurs tirées de je ne
fçai

ſçais quelle brochure intitulée *La vie heureuſe* , qu'un fou , nommé la Métrie , compoſa un jour étant yvre à Berlin, il y a plus de douze ans. Cette ſottiſe de la Métrie oubliée pour jamais , & que vous faites revivre , n'a pas plus de rapport avec la Philoſophie & l'Encyclopédie , que le Portier des Chartreux n'en a avec l'Hiſtoire de l'Egliſe ; cependant vous joignez toutes ces accuſations enſemble. Qu'arrive-t-il ? Votre délation peut tomber entre les mains d'un Prince , d'un Miniſtre , d'un Magiſtrat occupé d'affaires graves , de la Reine même plus occupée encore à faire du bien , à ſoulager l'indigence , & à qui d'ailleurs les bienſéances de ſa grandeur laiſſent peu de loiſir. On a bien le tems de lire rapidement votre Préface qui contient une feuille : mais on n'a pas le tems d'examiner , de confronter les Ouvrages immenſes auxquels vous imputez

C

ces Dogmes abominables. On ne fçait point qui eft ce la Métrie, on croit que c'eft un des Encyclopédiftes que vous attaquez, & les innocens peuvent payer pour le criminel qui n'exifte plus. Vous faites donc beaucoup plus de mal que vous ne penfiez & que vous ne vouliez; & certainement, fi vous y réfléchiffez de fang froid, vous devez avoir des remords.

Voulez-vous à préfent que je vous dife librement ma penfée ? Voilà votre Piéce jouée, elle eft bien écrite, elle a réuffi ; il y aurait une autre forte de gloire à acquérir, ce ferait d'inférer dans tous les Journaux une déclaration bien méfurée, dans laquelle vous avoueriez que n'ayant pas en votre poffeffion le Dictionnaire Encyclopédique, vous avez été trompé par les Extraits infidéles qu'on vous en a

L'homme plante eft encore de la Métrie.

donnés: que vous vous êtes élevé avec
raison contre une morale pernicieufe ;
mais que depuis , ayant vérifié les paf-
fages dans lefquels on vous avait dit
que cette morale était contenue ; ayant
lû attentivement cette Préface de l'Encyclopédie qui eft un Chef-d'œuvre,&
plufieurs articles dignes de cette Préface , vous vous faites un plaifir &
un devoir de rendre au travail immen-
fe de leurs Auteurs , à la morale fu-
blime répandue dans leurs Ouvrages ,
à la pureté de leurs mœurs , toute la
juftice qu'ils méritent. Il me femble
que cette démarche ne ferait point une
rétractation (puifque c'eft à ceux
qui vous ont trompé à fe rétracter :)
elle vous ferait beaucoup d'honneur ,
& terminerait très-heureufement une
très-trifte querelle.

Voilà mon avis: bon ou mauvais ;
après quoi je ne me mêlerai en aucune
façon de cette affaire ; elle m'attrifte,

& je veux finir gaiment ma vie ; je
veux rire : je fuis vieux & malade ; &
je tiens la gaité un reméde plus fûr
que les ordonnances de mon cher &
eftimable Tronchin. Je me moquerai,
tant que je pourrai , des gens qui fe
font moqués de moi : cela me réjouit
& ne fait nul mal. Un Français qui
n'eft pas gai eft un homme hors de
fon élément. Vous faites des Comé-
dies , foyez donc joyeux, & ne faites
point de l'amufement du Théâtre un
Procès criminel : vous êtes actuelle-
ment à vôtre aife , réjouiffez-vous,
il n'y a que cela de bon.

Si quid novifti rectius iftis
Candidus imperti ; fi non , his utere mecum.

E per fine , fans compliment, votre
très-humble & très-obéiffant ferviteur.

REPONSE

DE M. PALISSOT.

VOus voulez donc abfolument,
Monfieur, être l'ecolier des Encyclopédiftes ; mais favez-vous qu'ils
ont bien affez d'orgueil pour vous prendre au mot ? Oh ! vous fentez que je
fuis trop loin de vouloir jamais penfer
comme eux, pour vous en croire fur
votre parole.

M. Did. . . vous parait innocent : à
la bonne heure, Monfieur, je ne m'y
oppofe pas. C'eft pourtant encore une
chofe dont vous perfuaderez difficile-
ment le Public. Au refte, je peux dire
tout comme vous, *je ne le connais point,
je ne l'ai jamais vû* ; mais je dirai ce
que vous ne voulez pas dire. Je l'ai
lû, je ne l'entends point, je doute qu'il

C iij

s'entende lui-même , & il m'ennuye.

Je n'ai jamais senti *questa rabbia detta gelosia.* Nous courons , Messieurs les Encyclopédistes & moi, une carriere bien différente. *Ils compilent, compilent , compilent.* Moi, je fais de petits vers pour m'amuser , & je lis les vôtres pour m'instruire.

Qu'est-ce qu'un Abraham Chaumeix, à qui vous faites jouer un si grand rôle , qui donne des Mémoires à tant de gens , & qui (dites vous) pourrait bien m'en avoir donnés? Le pauvre diable ! Il est bien loin de se soupçonner tant de malice. Hé ! quoi, Monsieur ,

L'insecte insensible enseveli sous l'herbe

ne peut même vous échapper ?

Est-ce pour m'intéresser que vous me représentez ces pauvres Philosophes *sub gladio* ? Est-il bien vrai qu'on les persécute ? On vous trompe assurément, Monsieur. Des gens qui s'appellent eux-mêmes *les Légiſlateurs du monde, les Réformateurs de leur Siécle, les Tuteurs du genre humain*, & dont on ne fait que rire, ne feront accroire à perſonne qu'ils ſoient perſecutés. N'ont-ils pas d'ailleuts la reſſource *de jetter de tems en tems quelques vérités au peuple, pour lui apprendre à reſpecter les Philoſophes.* *

Moliére, il eſt vrai, ne reprocha ni à Cotin, ni à Ménage d'enſeigner une morale perverſe. C'eſt qu'ils n'avaient jamais fait de traité de morale ; j'avais eu l'honneur de vous le dire.

Je ne m'attendais plus, Monſieur, à être accuſé de vouloir rendre M. Dalembert odieux, après la maniére dont je m'étais expliqué avec vous ſur ſon compte.

Je conviens que mon Imprimeur, ou mon Copiſte, ont eu tort de faire une méprile, & de lui imputer un paſ-

* Cette phraſe eſt de M. Diderot.

ſage qui n'eſt pas de lui. Mais qui vouſ l'a dit, Monſieur, que ce paſſage n'é-tait pas de lui? Moi-même, qui ai corrigé de ma main cette faute dans l'exemplaire que j'ai pris la liberté de vous envoyer.

C'eſt encore moi qui, ſur le même exemplaire vous ai fait l'aveu qu'un autre paſſage attribué à M. Did... ne ſe trouvait que dans les Lettres Juives.

Pourquoi donc me reprochez-vous ces deux erreurs que j'ai corrigées? En bonne foi, Monſieur, vous ſça-vez bien qu'en matiére de citations, je ne ſerais embarraſſé que ſur le nom-bre.

C'était donc un fou que ce La Mé-trie qui compoſait à Berlin des ſot-tiſes étant yvre. Je ne le connaiſſais que par ces deux vers:

Fléau des Médecins, il en fut la lumiére :
Mais à force d'eſprit tout lui parut matiere.

Et ce n'eſt pas là tout-à-fait por-

trait d'un fou. Comme j'avais intitulé
ma Piéce , *les Philosophes* , & non
pas , *les Encyclopédistes* , j'ai crû que
je pouvais puiser des citations hors de
l'Encyclopédie , & que toutes les ab-
surdités *prétendues Philosophiques* appartenaient à mon plan. Or le Difcours fur la vie heureuse est un ouvrage très-fertile en abfurdités de cette
efpéce. On y traite la grande & inu-
tile question du bonheur , on y parle
du bien & du mal moral , du juste &
de l'injuste , &c. &c. &c. Ce n'est donc
pas férieufement que vous dites , Monfieur , que ce Livre n'a pas plus de
rapport à la Philosophie , que le Portier des Chartreux avec l'Histoire de
l'Eglife.

Mais c'est trop vous importuner
d'une *très-triste querelle* ; il est aifé
d'apperçevoir que vous n'avez pas envie que j'aye raifon. On a fait agir
auprès de vous trop de reforts con-

tre moi. Je n'en fuis pas moins le plus
fincére de vos Admirateurs.

Je ne rougirais pas de me rétracter
fi j'avais eû le malheur d'être trompé,
ou le malheur, plus naturel encore, de
me tromper ; mais, Monfieur, je n'ai
point écrit fur des Mémoires ; je ne
lis point ceux de Maître Abraham, &
j'ai fous les yeux l'Encyclopédie &
quelques autres Livres. Vous les avez
lus, fans doute, vous, Monfieur,
qui me confeillez de les lire. Cela me
fuffit pour fçavoir ce que vous en pen-
fez. L'envie que j'ai eu d'être quelquefois plaifant, m'a appris à me connaître en plaifanterie. Le confeil que
vous me donnez en eft une excellente, & je vois que vous êtes fort loin,
Monfieur, d'être *un Français hors de
fon élément*, car vous êtes très-gai.

Je conviens avec vous qu'il faut fe
réjouir, & qu'il n'y a que cela de bon.
Auffi je ferai comme vous. Je me mo-

querai , tant que je pourrai des gens
qui fe font moqués de moi , *puifque*
cela réjouit , & ne fait aucun mal.

Je fuis avec le plus profond refpect,

Monfieur,

Votre , &c.

Paris 7 Juillet 1760.

EXTRAIT*

DE LA

RÉPONSE

DE

M. DE VOLTAIRE,

12 Juillet 1760.

*Nous abrégeons à regret une Lettre charmante, mais M. Paliſſot ne nous a pas permis d'en extraire davantage. Le début en eſt trop flatteur pour lui. Ce que bien d'autres s'empreſſeraient de rendre public, il le ſupprime pour ne pas reſſembler à bien d'autres. Nous n'avons tranſcrit ſur l'original que les choſes qui ont le plus de rapport avec ce qui précede.

le comencement de cette letre est manuscrit
huit pages plus bas

. . . J'ai lù les Vers du Ruffe fur les merveilles du fiecle. Il y a une note qui vous regarde. On y dit que vous vous repentez d'avoir affommé ces pauvres Philofophes qui ne vous difaient mot. Il eft beau & bon de ne point mourir dans l'impénitence finale ; pardonnez à ce pauvre Ruffe, qui veut abfolument que vous ayez tort d'avoir infinué que mes chers Philofophes enfeignent à voler dans la poche. On prétend que c'eft M. F . . , Curé de V... qui volait fes Pénitentes en couchant avec elles , & fes Pénitens en les confeffant. Dieu veuille avoir fon ame ! A l'égard de la vôtre , je voudrais qu'elle fût plus douce avec mes Encyclopédiftes, qu'elle me pardonnât toutes mes mauvaifes plaifanteries, & qu'elle fût heureufe.

Je vous dirai ce que je viens d'écrire à ... Il y avait une vieille Dé-

vote très acariâtre qui difait à fa voifine , je te cafferai la tête avec ma
marmite. Qu'as-tu dans ta marmite ? dit la voifine ; il y a un bon
Chapon gras , répondit la Dévote.
Eh bien ! mangeons le enfemble dit
l'autre. * Je confeille aux Encyclopédiftes , J.... M.... à vous tout le
premier, & à moi, d'en faire autant.

. . . .

. . . .

Voilà une .. guerre depuis le chien
de difcours de L. F. jufqu'à la vifion.

* Ma foi , Juge & Plaideurs il faudrait tout lier.

LETTRE
DE M. PALISSOT
à un Journaliste,

*A l'occasion de celle que M. Dalembert
a fait insérer dans les Journaux.*

MOnsieur Dalembert a raison,
Monsieur ; ce n'est que par une
méprise de copiste qu'il est question
d'un de ses ouvrages dans la Préface
de ma Comédie. J'ai corrigé cette
erreur sur l'exemplaire que j'ai envoyé, il y a près de quinze jours, à
M. de Voltaire ; & j'ai d'ailleurs, dans
la Lettre que j'ai écrite à ce grand homme, rendu toute la justice que l'on doit
aux talens & aux profondes connaissances de Monsieur Dalembert.

J'ai corrigé aussi de ma main une
autre erreur toute semblable qui tom-
bait sur Monsieur Diderot. Il n'a point
dit que, *les animaux ont une ame ca-*

» pable de toutes les opérations de l'ef-
» prit de l'homme, de concevoir, d'af-
» sembler les penfées, d'en tirer une jufte
» conféquence. » Il y a des propofitions
infiniment plus hardies que celle-là
dans le Livre de l'*Interprétation de la
nature*, & qui tendent auffi à établir
qu'entre l'animal & l'homme, il n'y
a pas de *divifion réelle*; mais la propofition que je viens de rapporter ne
fe trouve littéralement que dans les
Lettres Juives.

Celle que l'on avait imputée par
méprife à Monfieur Dalembert, n'eft
point du Difcours préliminaire du
Dictionnaire Encyclopédique, tom·
1. Elle eft du tom. 7. pag. 789. au
mot *Gouvernement*, à l'exception
de ces paroles, *l'inégalité des condi-
tions eft un droit barbare*, qui ne devaient pas être comprifes dans la cita-
tion. On avait voulu feulement rapprocher ce principe du Philofophe de

Genêve, d'une propofition qui paraît
être fa conféquence immédiate.

Cet article *Gouvernement* eft d'un
homme d'un mérite rare qu'il ne faut
pas confondre avec les Philofophes,
dont les fyftêmes devaient être ex-
pofés au ridicule du Théatre. Une
propofition condamnable ne peut être
échappée que par inadvertence à M.
le Chevalier de *Jaucourt*, qui a dé-
pofé beaucoup de vérités utiles dans
un Livre où tant d'autres n'ont ré-
pandu que des erreurs dangereuſe s.

On m'a reproché, Monfieur, d'a-
voir puifé mes citations ailleurs que
dans l'Encyclopédie. Il eft fingulier
que l'on me faffe un tort d'un mé-
nagement. J'ai fait une Comédie
contre les faux Philofophes en général, ou plutôt contre la fauſſe Philofophie. Si je n'avais eu que l'Encyclopédie pour objet, j'aurais intitulé
ma piéce ; *les Encyclopédiftes.* Mais

non Monſieur, il entrait dans mes
vûes de rendre l'erreur ridicule par-
tout où je croyais la découvrir. Spi-
noſa, Collins, Hobbes, Mandeville,
&c. appartenaient à mon plan beaucoup plus encore que leurs imitateurs.

J'ai donc pû ſans conſéquence citer
un ou deux ouvrages de M. de la
Métrie, tels que l'Homme plante, &
le Diſcours ſur la vie heureuſe. Il eſt
vrai que Monſieur de Voltaire m'a
fait l'honneur de m'écrire, à propos
de ce dernier ouvrage, qu'il n'avait
pas plus de rapport à la philoſophie
que le Portier des Chartreux à l'hiſ-
toire de l'Egliſe; mais Monſieur de
Voltaire me permettra de lui rappeller
un extrait du Mercure de France.
Juin. 1753. 1. vol. pag. 43.

» Diſcours ſur la Vie heureuſe, im-
» primé à Poſtzdam en 1748. L'Au-
» teur Déiſte dit que nous ſommes
» tout corps; qu'il eſt démontré par

„mille preuves fans réplique qu'il n'y
„a qu'une vie & qu'une félicité ; que
„la vraie philofophie n'admet qu'un
„bonheur temporel ; qu il n'y a en foi
„ni vice, ni vertu, ni bien, ni mal mo-
„ral ; ni jufte ni injufte ; & il traite
„d'ignorans , de fanatiques , & de
„bêtes arrogantes ceux qui n'adoptent
„pas ces maximes.

Toutes ces queftions fur le bien ,
fur le mal moral, fur le jufte, fur
l'injufte, fur la nature du bonheur,
(& c'eft l'objet effentiel de ce Difcours,) font affûrement du reffort
de la Philofophie.

Au refte, Monfieur, que la petite
guerre ceffe, & que les partifans de
l'Encyclopédie ne tirent aucun avantage, & des ménagemens que j'ay
eus, & de quelques méprifes de co-
pifte. Je connais beaucoup les ouvrages dont j'ai parlé , & je ne lis
point les extraits d'Abraham Chau-

meix, ni ceux du Journal Encyclopédique. En ne confultant que ma
memoire, j'aurais fait plus de citations; mais je n'ai pas voulu me fier
à fa fidélité. J'ai fous mes yeux l'Encyclopédie & quelques autres livres. Je
peux donner une nouvelle édition de
ma Préfaee ; & fi les citations amu-
fent, j'en porterai le nombre jufqu'à
mille & une. Abfurdités pour abfurdités, cela pourrait divertir autant
que les Contes Arabes.

F I N.

Votre lettre est extremement plaisante et pleine d'Esprit, monsieur, si vous aviez été aussi gai dans votre comedie des philosophes, Ils auroient dû eux mesmes vous battre des mains, mais vous avez été serieux, et voila le mal. Entendons nous, s'il vous plait : j'aime a rire, mais nous sommes persecutés. m. Abraham Chaumeix, et m. Jean Gauchat ont été cités dans le requisitoire de m. Joli de fleury : On nous a traité de perturba- teurs du repos public, et qui pis est de mauvais chretiens : m. Le franc de Pompignan m'a designé tres injuri- eusement devant mes 38 confreres.

On a dit a la Reine et a m. le Dauphin que tous ceux qui ont travaillé a l'encyclopedie du nombre desquels j'ay

l'honneur d'être ont fait un pact avec le
diable. m.r Aliboron dit Freron votre ami veut
me faire aller a l'immortalité dans ses
admirables feuilles comme Boileau a eternisé
Chapelain et Cottin. Je suis assez bon chrétien
pour leur pardonner dans le fonds de mon
coeur, mais non pas au bout de ma plume.

Permettez que je vous dise très naturel-
=lement, et très serieusement que votre preface
donnée separement apres votre pièce est une
accusation en forme contre mes amis, et peut-
-être contre moi: j'en avois dejà deux exem-
=plaires avant que j'eusse reçu le vôtre: on
m'avoit indiqué tous les passages ou vous vous
êtiez trompé, je les avois confrontés, en un mot
je suis très fâché qu'on accuse mes amis et
moi de n'être pas bons citoyens. Je tremble
toujours qu'on ne brûle quelque philosophe

par quelque mal entendu. Je suis comme
m.lle Lenclos qui ne vouloit pas qu'on apellat
aucune femme B...

Je conviens qu'on dize de moi que je suis
un radoteur, un mauvais poëte, un plagiaire,
un ignorant, mais je ne veux pas qu'on
soupçonne ma foi. mes curés rendent bon
temoignage de moi. Je prie Dieu tous les
jours pour l'âme de frere Berthier. frere
de Menoux qui aime passionément le
bon vin, et qui a beaucoup d'argent en
poche, est obligé de me rendre justice.
J'ai fait ma confession au frere de Latour,
J'étois mesme assez bien auprès du defunt
pape qui avoit beaucoup de bonté pour
moi, parce qu'il etoit goguenard. Ainsi
ayant pour moi tant de temoignages, et

surtout celui de ma bonne conscience, je
pense bien avoir quelque chose a craindre
dans ce monde cy, et rien dans l'autre.

J'ai lû les vers du Rhume &c

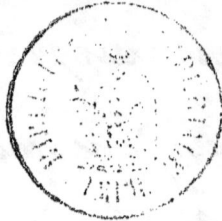